ÉMILE PÉREIRE

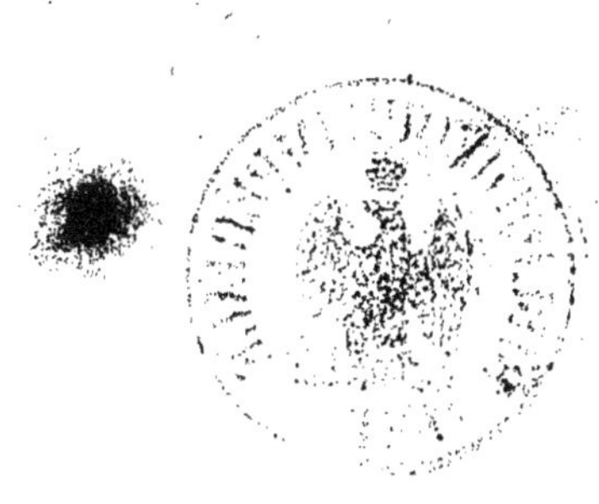

MONTMARTRE. — IMPRIMERIE PILLOY, BOULEVARD PIGALE, 50.

ÉTUDES

CRITIQUES ET BIOGRAPHIQUES

PAR

THÉOPHRASTE

ÉM. PÉREIRE

PARIS

AU BUREAU DE LA PUBLICATION

Rue Sainte-Anne, 20.

—

1856

ÉMILE PÉREIRE

I

EMILE PÉREIRE est né à Bordeaux, le 3 décembre 1800,
d'une ancienne et honorable famille d'israélites Portugais.
Son grand-père, Jacob Péreire, agent à Paris de la nation juive
Portugaise, membre de la Société Royale de Londres, et inter-
prète du Roi pour les langues étrangères, avait inventé, avant
l'abbé de l'Épée, la dactylogie ou moyen de communiquer par

signes avec les sourds-muets, ainsi qu'une méthode destinée
à leur restituer l'usage de la parole, et dont les merveilleux résultats furent constatés, dès 1749, dans un rapport à l'Acadé-
mie, signé de Buffon et de Mairan. Après avoir fait de fortes
études dans sa ville natale, M. Emile Péreire vint se fixer à
Paris en 1822 ; et, au mois de janvier 1823, il embrassa la profession de courtier, qui, en peu d'années, le mit en rapport
avec toutes les notabilités de la banque et du commerce. Initié,
par sa profession même, à tous les détails de la pratique financière, il se consacra en même temps à une étude approfondie
de l'économie politique. Fortement incommodé par un
asthme qui ne lui permettait pas de rester couché, il passait
la plus grande partie de ses nuits à étudier la théorie des
opérations de finances auxquelles il s'était livré pendant le
jour, et acquit ainsi cette connaissance réfléchie des affaires
qu'il devait déployer plus tard sur une si grande échelle.

II

Cependant un grand mouvement philosophique se prépa-
rait. Au moment même où le libéralisme organisait par tout
le pays une résistance énergique aux tentatives maladroites
de la Restauration pour revenir sur les conquêtes de 89, un
philosophe obscur, peu compris de ses contemporains, ache-
vait, le 19 mai 1825, une existence consacrée tout entière à
la recherche des principes qui devaient présider à la réor-

ganisation de la société moderne. L'association universelle des peuples, la glorification du travail pacifique, l'industrie appelée à remplacer l'activité militaire, le classement suivant la capacité, substitué à l'ordre selon la naissance, tels étaient les principes que Henri Saint-Simon avait vainement essayé de faire accepter successivement par les notabilités de la science et par celles de l'industrie ; quelques disciples enthousiastes les recueillirent religieusement à son lit de mort, mais ils ne rencontrèrent d'abord dans les diverses nuances de l'opinion libérale qu'un accueil mêlé d'étonnement et de dédain. Il fallait, pour que la puissance et la fécondité des principes de la nouvelle école éclatassent au grand jour, que la révolution de Juillet, en portant les libéraux au pouvoir, démontrât, par le spectacle des faits eux-mêmes, combien les doctrines libérales, toutes puissantes pour détruire, étaient peu propres à fonder un gouvernement et à donner satisfaction aux nouveaux besoins des sociétés.

Au premier rang des hommes éminents, qui avaient recueilli l'héritage intellectuel de Saint-Simon et qui s'efforçaient de le féconder par leurs propres méditations, se trouvaient M. Olinde Rodrigues et son jeune frère Eugène Rodrigues, tous deux cousins et beaux-frères d'Emile Péreire, et qui, avec des tendances et des qualités d'esprit très-diverses, devaient puissamment contribuer à l'élaboration des nouvelles doctrines. Initié par son beau-frère Olinde à ses idées de régénération sociale, Emile Péreire, déjà parfaitement préparé par ses propres études, en saisit vivement le côté économique. Jusque-là, on peut le dire, l'économie politique avait été, dans les mains de Smith et de ses disciples, une science principalement descriptive, plus occupée d'analyser les faits résultant des conditions sociales, que de modifier ces conditions elles-mêmes. En s'inspirant des principes de la nouvelle école, en se proposant directement de prendre l'initiative de toutes les mesures susceptibles de contribuer à l'amélioration morale, intellectuelle et physique de la classe la plus nombreuse et la plus pauvre, la science tendait à devenir une politique; elle ne devait plus se contenter de décrire les faits; elle devait viser à produire tous ceux qui pouvaient concourir au but qu'elle avait indiqué comme étant celui de la société elle-même. Ce caractère pratique, organique, affirmatif, qui était comme le cachet distinctif de l'école saint-simonienne, marqua, dès ce jour, pour ne plus disparaître, tous les travaux théoriques et toutes les conceptions pratiques de M. Emile Péreire.

III

La révolution de Juillet 1830, on le sait, porta aux affaires la plupart des rédacteurs du *Globe*, qui avait tenu, depuis cinq ans, la tête de l'opposition. MM. Duchatel, Vitet, Dubois, Jouffroy, Duvergier de Hauranne étant devenus les amis ou les soutiens directs du nouveau gouvernement, le *Globe*, resté entre les mains de MM. Pierre Leroux, Lerminier et Sainte-Beuve, ne tarda pas à être acquis par l'école saint-simonienne. MM. Leroux et Lerminier entrèrent dans ses rangs ; M. Sainte-Beuve ne fit que la côtoyer et s'arrêta sur le seuil. Alors commença un mouvement de propagande d'une incroyable activité. Le *Globe*, devenu l'organe officiel du saint-simonisme et rédigé, sous l'inspiration et la direction supérieure de MM. Enfantin et Bazard, par MM. Michel Chevalier, Cazeaux, Fournel, Emile Péreire, Duveyrier, Gustave d'Eichthal, Jean Reynaud, Stéphane Mony-Flachat, Saint-Chéron, fut distribué gratis à plus de quatre mille exemplaires ; de nombreuses missions parcoururent les principales villes de France, pendant qu'à Paris plusieurs enseignements étaient faits, chaque semaine, dans les différents quartiers, par MM. Carnot, J. Lechevalier, Isaac Péreire, Léon Simon, Ch. Lambert, Ch. Lemonnier, Baud, Guéroult, et que, tous les dimanches, les éloquentes prédications de MM. Emile Barrault, Laurent, Jean Reynaud, Abel Transon, Charton, Retouret, attiraient à la salle Taitbout un auditoire d'élite.

Les articles de M. Emile Péreire dans le *Globe*, solidement pensés et vivement écrits, avaient attiré l'attention des hommes de finance et des écrivains, lorsque, dans le courant de 1831, Carrel, qui se connaissait en talent, fit proposer à Emile Péreire d'entrer au *National*. Après en avoir conféré avec ses amis du *Globe*, et, de leur aveu, M. Péreire commença d'écrire dans le *National*, sans, pour cela, cesser de prendre part à la rédaction du *Globe*. Du reste, il avait loyalement prévenu Armand Carrel que leurs convictions politiques n'étaient pas les mêmes, et il avait été convenu qu'il aurait toute liberté pour le fond de ses idées économiques, qui devaient seulement être revêtues du costume d'opposition qu'exigeait

l'attitude prise alors par ce journal. Pendant plusieurs mois,
M. Emile Péreire continua de travailler simultanément dans
les deux journaux. Souvent il lui arrivait de faire dans la
même soirée deux comptes - rendus de la séance de la
Chambre des députés. Ce fut le temps le plus occupé de
sa vie. Seulement, tant que le *Globe* continua de paraître,
c'est-à-dire jusqu'au mois d'avril 1832, il refusa de recevoir
du *National* aucune rétribution pour ses travaux, afin de
maintenir une parfaite égalité dans ses rapports avec les
deux journaux, dont l'un, le *Globe*, loin de rien rapporter,
était pour tous ses rédacteurs une œuvre de dévouement et
d'abnégation. La collaboration de M. Péreire au *Globe* ne
cessa qu'en 1831, à l'époque où l'émission des idées de M. Enfantin, sur l'avenir des femmes et sur l'autorité, amena une
scission, et provoqua la retraite de M. Bazard et de plusieurs
membres notables de l'école saint-simonienne.

IV

A partir de cette époque, les écrits de M. Péreire, les articles publiés par lui, soit dans la *Revue encyclopédique*, soit
dans le *National*, portent tous l'empreinte de cet esprit organisateur et affirmatif, dont le germe, puisé dans l'école
à laquelle il s'était si heureusement associé, devait se développer dans son esprit et fructifier sur le terrain pratique,
dans des proportions véritablement gigantesques.

On nous saura gré de nous arrêter un instant sur ces éla-
borations théoriques ; elles donnent la clef de toute sa carrière. En voyant ce qu'il rêvait alors, on comprendra mieux
ce qu'il devait faire dans la suite.

Nous trouvons, par exemple, dans un travail sur le budget
de 1832, inséré d'abord dans la *Revue encyclopédique*, et publié plus tard sous forme de brochure, l'appréciation sui-
vante de la transformation qui doit s'opérer dans le but de la
politique :

« L'ordre féodal a été détruit sous les coups portés par la
philosophie du dix-huitième siècle ; mais le servage, qui en
était la conséquence directe, s'est maintenu sous une autre
forme, sous les haillons du prolétariat ; c'est aux efforts d'une
religieuse philanthropie qu'est réservée, au dix-neuvième
siècle, l'œuvre immense d'en faire disparaître jusqu'aux der-
nières traces.

« Mais cette œuvre ne saurait être complète que lorsqu'un
nouveau lien moral aura enseigné aux hommes à s'aimer ré-
ciproquement, non d'un amour mystique, mais d'un amour
fécond ; lorsque les *droits de l'homme* n'auront plus pour
base une égalité de convention, une liberté factice ; mais bien
une large appréciation des besoins et des aptitudes de tous,
d'après laquelle *chacun* pourra trouver une équitable rému-
nération de ses services et de ses vertus.

« Ce but doit être progressivement atteint, et toutes les ré-
volutions qui ont changé la face des empires en ont hâté la
réalisation. L'œuvre pacifique est désormais commencée, et
déjà, dans l'ordre actuel, se trouvent les éléments à l'aide

desquels on peut, dès aujourd'hui, travailler à cimenter l'union qui doit s'établir sans secousse entre tous les membres de la société ; union qui, toutefois, ne sera durable que lorsqu'on aura offert un soulagement aux souffrances qui affligent le plus grand nombre. Depuis la révolution de Juillet, la législation *abstraite* des droits et des garanties a témoigné de son impuissance à remédier à ces maux, et la raison, c'est qu'elle est sans rapport avec les besoins réels des peuples. C'est donc à la législation *positive*, c'est aux *lois de finances* qu'il appartient de tenter ce que la métaphysique parlementaire n'a pu réaliser. Lorsqu'on sera entré dans cette voie, on sentira qu'en faisant de la finance, on peut faire aussi de la haute politique. »

C'était bien véritablement le programme d'une politique nouvelle, d'une politique positive. En terminant son travail, il la résume en des termes d'une précision telle, que nous croyons devoir citer textuellement sa conclusion :

« Diminuer, dit-il, les charges qui pèsent sur les classes inférieures, sans troubler l'existence des classes supérieures ; activer la consommation et la production ; développer le travail et produire successivement une hausse dans le prix des salaires ; augmenter les moyens d'instruction et arriver, par la suite, à diminuer les moyens de répression par une meilleure direction des richesses sociales, par la fondation d'un vaste système de banque, qui faciliterait la prompte circulation des signes de crédit et établirait successivement un lien plus étroit entre les diverses localités et l'ensemble des travailleurs ; — produire sur l'intérêt des capitaux une baisse, que réclament les améliorations de l'agriculture et de l'industrie; constituer l'Etat caisse d'épargne et distributeur des fonds de retraite à tous les hommes économes et prévoyants, — tel est le but que nous nous sommes proposé d'atteindre.

« Notre travail est le résultat d'une conviction intime; en exposant nos vues, nous avons la conscience d'avoir accompli une œuvre utile, une œuvre morale. »

V

Nous avons eu la curiosité de suivre, dans une collection du *National*, la trace des articles de M. Emile Péreire, depuis 1832 jusqu'en 1834. Nous aurions manqué à cet égard d'indications précises, que nous les aurions facilement reconnus à l'esprit dont ils sont empreints et qui tranche d'une manière sensible sur le ton critique et purement négatif de ce journal. La polémique de M. Péreire est souvent vive, acerbe même; mais il est rare qu'il se borne à critiquer et qu'il ne justifie pas ses censures par la proposition d'un procédé, d'un système pratique, destiné à remplacer les mesures qu'il cherche à battre en brèche. Ainsi, en examinant le budget des recettes (10 février 1832), s'il attaque l'exagération des impôts de consommation qui écrasent le travail pour ménager le revenu, qui prennent le nécessaire du pauvre et respectent le superflu du riche, si ses habitudes d'ordre et d'économie ne peuvent s'accommoder de l'énormité des frais de perception du budget qui s'élèvent à 16 p. 100 du revenu total, on le verra bientôt (5 mars 1832) proposer les moyens de remplacer les impôts dont il demande la suppression, en élevant les droits de mutation et de succession en ligne collatérale, en créant aux communes des ressources importantes par la vente des biens communaux, en demandant que la liberté du commerce, progressivement réalisée, donne une impulsion nouvelle à la consommation générale. C'est encore le même esprit qui lui fait demander (15 mars) une réduction de droits sur les cotons et les sucres, et qui, dans divers articles sur l'octroi et le budget de la ville de Paris (24 et 25 août), lui fait attaquer les taxes qui portent, soit sur les matières premières, soit sur la consommation du pauvre, et lui dicte la proposition d'une surtaxe progressive sur les loyers, ainsi que d'un impôt sur les voitures bourgeoises (qui vient d'être établi cette année même 1856).

S'il s'occupe des caisses d'épargne (7 septembre), tout en approuvant hautement cette utile création, il montre pourtant qu'elle ne portera tous ses fruits que lorsque, au lieu d'être laissées stérilement à la charge de la dette publique, les épargnes du pauvre, centralisées, pourront servir à commanditer le travail.

Dès cette époque, il se montre vivement préoccupé des voies de communication, et, à propos d'un livre publié sur les chemins de fer et les canaux, par MM. Lamé, Clapeyron et Flachat (22 septembre), il demande l'intervention de l'État par voie de subvention, et combat énergiquement (6 octobre) les doctrines de laisser-faire, proclamées par le *Moniteur* en matière de travaux publics; il fait voir que la neutralité du gouvernement, en face de faits de cette importance, équivaudrait à une véritable abdication.

Sur l'amortissement il est inépuisable ; il veut que la dotation annuelle de la caisse d'amortissement soit annulée (9 novembre), et que le montant soit employé à remplacer, dans le budget, les fonds produits par les impôts du sel, des boissons, des jeux et de la loterie. Il fait voir (9 octobre) que la dispendieuse chimère de l'amortissement a coûté au pays, depuis 1816, un surcroît de dépense de 685 millions, et il se moque justement du *Moniteur* (8 octobre), qui s'imagine que, lorsque l'état rachète 98 francs la rente qu'il a vendue 58, il gagne 2 francs, parce que le pair nominal est de 100 francs.

Quelquefois, au milieu de la polémique, il esquisse des projets marqués au coin d'une telle justesse, que la pensée publique s'en empare et que nous les trouvons réalisés aujourd'hui, sans que personne sache dans quel cerveau ils ont pris naissance. Ainsi M. d'Argout, alors ministre de l'intérieur, ayant rendu compte, dans un rapport officiel, des résultats du prêt de 30 millions fait au commerce par le gouvernement, à la suite de l'ébranlement causé par la révolution de Juillet, M. Péreire constate (11 janvier 1833) qu'après dix-huit mois, il restait encore à recouvrer 22 millions sur 30. Il rappelle, à cette occasion, qu'un comptoir d'escompte, fondé à la même époque au capital de 5 millions, avait escompté pour 20 millions de papier, sans autre perte que 307,000 francs, soit 1 et 1/2 p. 100 du capital, il ajoute qu'il avait lui-même proposé, le 4 septembre 1830, en commun avec son frère M. Isaac Péreire, la fondation d'un comptoir d'escompte qui devait faire le papier à deux signatures, prêter sur dépôt de marchandises, et émettre des bons rapportant 3 francs 65 centimes par an, soit un centime par jour. Les banquiers et les commerçants auraient fait le capital, et le gouvernement lui aurait donné sa garantie jusqu'à concurrence de 50 millions (1).

M. Péreire fait voir combien cette combinaison eût été supérieure en efficacité au malheureux prêt de 30 millions. Son argumentation, dès lors éclatante d'évidence, a reçu depuis, des faits eux-mêmes, une sanction bien autrement péremptoire, car le projet présenté par M. Péreire, le 4 septembre 1830, contient toute l'économie du Comptoir National d'escompte fondé par le gouvernement provisoire après la révolution de Février 1848, et qui a rendu et rend encore tous les jours au commerce de si éminents services (2).

---

(1) Ce projet, examiné et approuvé par une commission dont faisaient partie MM. Mallet, Cottier, B. Fould, Vernes, Vassal, Odier et J. Lefebvre, ne fut pas réalisé, parce que les événements marchèrent plus vite que la commission, et que la crise financière, éclatant brusquement, ne laissa pas au gouvernement le loisir d'un examen sérieux. Nous donnons textuellement ce projet. Voir à la fin, note *A*.

(2) Cette parenté du comptoir national d'escompte avec le projet, présenté en 1830, paraîtra moins étonnante, lorsqu'on saura que la création du comptoir fut décidée et ses statuts arrêtés en 1848, au ministère des finances, dans une réunion formée de MM. Garnier-Pagès, Duclerc, Pagnerre, Émile Péreire, Achille Fould, Armand Marrast et Léon Faucher.

VI

La loi sur l'expropriation pour cause d'utilité publique,
qui devait être votée et promulguée dans cette même année
1833, lui inspire (31 janvier), une excellente discussion par
laquelle il établit l'impossibilité de réaliser de grands travaux d'utilité publique, si, au préalable, la législation ne
réagit pas contre l'esprit exclusif de la propriété privée et
ne simplifie pas les formalités interminables dont l'expropriation avait été jusque-là entourée. A cette époque, M. Péreire s'occupait déjà, comme nous le verrons tout à l'heure,
de la création du chemin de Saint-Germain, et il se servait
de sa plume pour frayer la voie, à travers les broussailles de
la législation, aux entreprises qu'il projetait.

Un article sur l'Algérie (25 août 1833) offre cette particularité remarquable, que toutes les mesures conseillées par
l'auteur ont été successivement réalisées par les divers gouvernements qui se sont succédé en France, et que la seule
mesure importante, qui ne se trouve pas encore réalisée à
l'heure qu'il est, le sera certainement aussitôt que les grands
capitaux commenceront à se porter en Algérie. M. Péreire
avait donné à ses vues la forme d'un projet de loi. Nous al-
lons indiquer, article par article, l'époque où le conseil, donné
par le publiciste en 1833, est devenu un acte du gouvernement.

« Art. 1er. Le territoire d'Alger est incorporé au royaume
« français. »

Un arrêté du gouverneur général, du 27 novembre 1834,
proclame la souveraineté de droit sur la régence. Le discours
de la couronne, du 27 décembre 1841, proclame l'Algérie
« une terre désormais et pour toujours française. »

« Art. 2. Ce territoire sera divisé en trois départements,
« dont les chefs-lieux seront Alger, Constantine et Oran. »

Réalisé à la lettre par l'arrêté du chef du pouvoir exécutif de
la République Française, du 9 décembre 1848, promulgué le
16 mars 1849, le même arrêté institue à Alger un conseil de
préfecture ; et, plus tard, en 1849, est institué un conseil de
gouvernement et d'administration à Alger, conformément
à ce que demandait, en 1833, l'art. 6 du projet de M. Péreire.

L'assimilation de l'Algérie à la France, quant au tarif des
douanes, indiquée par l'art. 7 du projet du *National*, est décrétée le 11 janvier 1851. Déjà, le 16 décembre 1833, l'exemption de droits sur les fers, fontes, machines et instruments
agricoles, conseillée par M. Péreire dans son art. 8, avait été
appliquée à l'Algérie.

Le journaliste avait demandé en outre (art. 9, 10 et 11)
l'abolition du droit de tonnage, dans les ports de l'Algérie, sur
les navires français, et la réduction à 50 p. 100 sur les navires étrangers ; l'établissement d'un service de bateaux à vapeur entre Alger et la France, avec exemption des règlements
de quarantaine.

Le service par la vapeur est établi depuis longtemps ; la

réduction du droit de tonnage et d'exemption de la quarantaine a été décrétée par ordonnance du 17 février 1841.

Enfin, le journaliste avait demandé le transport gratuit, dans la colonie, de tous les artisans et ouvriers les plus utiles à l'œuvre de la colonisation. — Une instruction ministérielle, dont la date précise nous échappe, a fait droit, il y a quelques années, à cette réclamation.

Une seule mesure importante, nous l'avons déjà dit, fait encore défaut au programme tracé avec un coup d'œil si juste en 1833, c'est l'établissement d'un chemin de fer qui unirait Bone et Constantine à Alger et à Oran. Mais il est permis de croire qu'aussitôt que les capitaux se porteront vers l'Algérie et y développeront l'esprit d'entreprise, cette dernière mesure sera à son tour réalisée, complétant ainsi l'exemple, inouï peut-être, d'un ensemble de vues tracées au courant de la plume par un journaliste de l'opposition, et imposé successivement à tous les gouvernements par ce qu'on pourrait appeler la fatalité impérieuse d'une justesse d'esprit et d'un bon sens supérieurs (1).

VII

Nous craindrions, si nous voulions signaler, dans ces articles du *National*, toutes les vues d'avenir auxquelles l'avenir

---

(1) Voir à la fin, à la note **B**, ce curieux projet, extrait du *National* du 25 août 1833, et dans lequel les actes futurs les plus importants de l'Administration d'Alger sont écrits quinze ou vingt ans d'avance.

a donné raison, de dépasser les bornes que nous nous étions imposées; toutefois, nous ne saurions abandonner ce chapitre sans saisir au passage quelques-unes de ces indications en quelque sorte prophétiques.

En conseillant, par exemple, la centralisation à Paris (aujourd'hui réalisée) de tous les hôtels de monnaie de France (le 26 décembre 1833), il énumère les nombreux avantages qui en doivent résulter, tels qu'économie et supériorité des procédés; mais ce qui le touche surtout, c'est qu'il espère que de pareils avantages, joints à l'excellence de notre système national, doivent conduire, dans un temps donné, à l'établissement d'un système monétaire uniforme dans toute l'Europe.

S'il s'occupe de la réforme de la Banque de France (26 février 1834), c'est pour réclamer l'escompte des effets à deux signatures, l'établissement de comptoirs dans les départements (réalisé en 1848); c'est pour demander que la Banque reçoive des fonds en compte-courant à intérêt réciproque, et enfin la création de billets de 100 francs, innovation dont la hardiesse faisait jeter encore, douze ans après, des cris d'épouvante aux financiers de la monarchie de Juillet, et dont les événements de 1848 ont si bien fait sentir, plus tard, la convenance et l'appropriation aux besoins du commerce.

VIII

Cependant la pensée de M. Péreire était loin de s'absorber tout entière dans ces études spéculatives. Les chemins de fer avaient tenu une place considérable dans les élucubrations théoriques de l'école saint-simonienne. Le *Globe*, de 1830 à 1832, les avait préconisés sans relâche comme les instruments les plus actifs du progrès de la civilisation générale, comme le grand moyen de l'association universelle des peuples. M. Michel Chevalier, alors rédacteur en chef du *Globe*, avait même tracé le plan général d'un réseau de fer qui devait relier toutes les contrées de l'Europe et, en particulier, les pays situés sur le bassin de la Méditerranée. Ce projet, qui date de 1832, est aujourd'hui d'autant plus curieux à consulter, qu'on y trouve indiquées d'avance, non-seulement toutes les grandes lignes maintenant exploitées en Europe, mais la plus grande partie de celles qui sont encore à l'état de projet. L'auteur, développant à fond toutes les ressources de sa grande conception, avait poussé ses tracés jusqu'à Bagdad, et complétait cet immense système de voies de communication, par la double section des isthmes de Suez et de Panama.

La théorie avait dit son dernier mot; il fallait maintenant redescendre, pour ainsi dire, du ciel sur la terre, secouer l'ivresse produite par ces perspectives grandioses, traduire en prose toute cette poésie des chemins de fer, y convertir les banquiers, les gens d'affaires, leur faire comprendre qu'il y avait là une veine féconde à exploiter; il s'agissait, en un mot, d'oublier, pour le moment, le chemin de fer de Bagdad et de commencer par celui de Saint-Germain.

Tel était, en effet, le projet qu'en quittant le saint-simonisme avait conçu M. Emile Péreire. Homme de pratique et

d'études positives, il ne lui suffisait pas d'avoir tracé sur
le papier de gigantesques programmes, il voulait encore,
comme il le disait à Carrel en quittant le *National*, écrire son
idée sur le sol, lui donner corps et consistance. De là, toute
une série d'efforts d'une nature entièrement nouvelle et dif-
férente.

IX

L'idée de commencer les chemins de fer en France par
celui de Saint-Germain était une idée essentiellement pratique. Ce chemin avait le triple mérite de populariser les voies
ferrées dans l'esprit des Parisiens en les faisant fonc-
tionner sous leurs yeux et au profit de leurs plaisirs, de
ne pas exiger un capital trop considérable, et enfin de pouvoir servir de tête à tous les chemins de fer qui devaient,
plus tard, rayonner de Paris sur la Normandie et la Bre-
tagne.

Les études préliminaires furent faites par MM. Lamé, Clapeyron, Stéphane Mony-Flachat et Eugène Flachat, qui s'é-
taient liés d'amitié, au saint-simonisme, avec M. Emile Péreire.
Ils donnaient leur temps à l'étude du tracé, tandis que M. Péreire s'occupait, avec plus de zèle et de talent que de succès,
de faire la propagande de son chemin auprès des hommes d'affaires. De 1832 à 1835, il passa trois longues années à cher-
cher, sans pouvoir les trouver, cinq millions pour un che-

min que, vingt ans plus tard, il devait vendre 60 millions.
Malgré les relations quotidiennes que sa profession de courtier lui ménageait auprès des banquiers, et la considération
exceptionnelle qu'avaient répandue sur lui ses remarquables
travaux du *Globe*, du *National* et de la *Revue encyclopédique*,
il ne fut guère compris d'abord que de deux hommes de finance, MM. Ad. d'Eichthal et Thurneyssen, dont le suffrage
finit, à la longue, par entraîner l'adhésion de M. de Rothschild,
mais seulement lorsque M. Péreire, décidé à marcher en
avant, eut conclu un marché conditionnel avec M. Hager-
man, pour l'achat des terrains où devait s'élever la gare du
chemin de Saint-Germain, et eut affecté à la garantie de ce
marché la modeste somme de 30,000 francs, qui composait
alors tout son avoir.

La construction du chemin de Saint-Germain fit faire en
France un pas décisif à la grande question des chemins de
fer. On cessa de parler de cette invention comme d'une expérience lointaine. Le public avait le fait lui-même sous les
yeux. De plus, toutes les difficultés relatives à l'exploitation,
à l'organisation du service se trouvant ainsi pratiquement
résolues, les esprits furent animés à tenter dans cette
voie de nouvelles et plus vastes entreprises. Aussi vit-on
se former successivement les compagnies d'Orléans, de
Rouen et du Nord, qui donnèrent à leur tour l'exemple et le
branle à toutes les autres.

M. Péreire avait à un si haut degré le sentiment de l'action
décisive que devait exercer cette première expérience, qu'il
veillait lui-même, avec une sollicitude de chaque instant, à

tous les détails de service. Il poussa même si loin le sentiment de sa responsabilité, que, pendant les dix-huit ans qui
s'écoulèrent entre la mise en exploitation du chemin et la fusion avec les chemins de Normandie, M. Péreire ne quitta pas
la gare de Paris pendant un seul dimanche de la saison d'été.

Le chemin de Saint-Germain amena bientôt, entre M. de
Rothschild et M. Péreire, un rapprochement quotidien, dans
lequel le premier apportait ses immenses capitaux et le pres-
tige d'une position européenne; le second, son génie finan-
cier, son esprit d'initiative et d'organisation. Les bénéfices de
cette espèce de libre coopération étaient trop inégalement
partagés, pour qu'elle pût durer indéfiniment. Toutefois, avant
de se rompre, elle devait donner naissance au chemin du Nord.

Ce fut en 1836, dans un voyage en Belgique, entrepris avec
M. de Rothschild et plusieurs administrateurs et ingénieurs
de la compagnie de Saint-Germain, pour étudier les chemins belges, que M. Péreire, frappé de la richesse et de la
puissance de production des Flandres, conçut l'idée du chemin du Nord. Un premier projet, qui impliquait le concours
des capitalistes belges, manqua par la prétention de M. de
Meus, président de la Société Générale de Belgique, de faire
admettre les rails belges en franchise sur le territoire français.
Repris plusieurs fois sans succès, ce projet ne reçut l'appro-
bation des Chambres qu'en 1845, après que M. Péreire eut
réussi à faire transiger, au moyen d'une fusion habilement
ménagée, les nombreuses compagnies qui se le disputaient. Il
en fut le principal organisateur, et en demeura, jusqu'en 1852,
l'administrateur le plus actif.

X

A partir de ce moment, la situation de M. Péreire, déjà important, se consolida plutôt qu'elle ne s'agrandit, jusqu'en 1852. Il faut même dire que la révolution de 1848 ébranla et mit un instant en question le fruit de vingt ans d'efforts et de travail. Non-seulement la question de la reprise des chemins de fer par l'Etat, soulevée et conduite jusqu'à un commencement d'exécution par le rachat du chemin de Lyon, ne permettait pas d'espérer, au milieu de la dépréciation de toutes les valeurs, une issue avantageuse pour les fondateurs du chemin de Saint-Germain et du Nord ; mais l'incendie du pont d'Asnières, accompli dans la surprise des premiers troubles, en interrompant la circulation du chemin de Saint-Germain, sembla, pendant quelques mois, devoir amener la ruine complète de son principal fondateur. L'interruption de la circulation, c'était par jour une perte réelle d'environ 15,000 fr. Pour le rétablir à l'état provisoire, il fallait dépenser 400,000 fr. Une pareille somme n'était pas facile à trouver à une époque où le crédit était mort, et où les principales maisons de banque n'évitaient qu'à grand'peine la fatale nécessité, imposée à un si grand nombre d'entre elles, de suspendre leurs paiements. M. Péreire déploya dans cette crise le sang-froid et les ressources d'esprit d'un homme supérieur, et rétablit sa fortune par les mêmes qualités qui la lui avaient fait acquérir. Il trouva l'argent ou le crédit nécessaire ; un pont provisoire fut rapidement établi (1), et, après trois mois, la circulation put être reprise. De cette époque jusqu'au commencement de 1852, M. Péreire observa la réserve prudente que commandait l'incertitude des événements. Mais à peine le coup d'Etat du 2 décembre et l'élection présidentielle qui suivit, eurent-ils décidé des destinées de la France, qu'il entra des premiers, et avec toute l'ardeur d'une seconde jeunesse, dans cette voie d'entreprisès nouvelles et de grands travaux auxquels le gouvernement conviait le pays. Le contingent de M. Péreire dans ce grand mouvement peut se résumer dans trois affaires principales, savoir : les chemins du Midi, le Crédit foncier, et enfin le Crédit mobilier.

XI

Peu favorable d'abord aux chemins du Midi, il fut entraîné à s'en occuper, en partie par ses relations de Bordeaux et ses souvenirs de jeunesse, en partie, on peut le supposer du moins, par la perspective des relations que ce chemin devait ouvrir un jour avec l'Espagne et le Portugal, berceau primitif de sa famille.

---

(1) Ce pont provisoire, construit par M. E. Flachat, fournit plus tard à cet éminent ingénieur l'occasion de résoudre, de la manière la plus complète et la plus heureuse, le problème si difficile de construire un pont définitif sur l'emplacement même du pont provisoire, et de le lui substituer, sans interrompre un seul moment le passage des trains.

Le Crédit foncier, idée féconde et préoccupation favorite
de l'école économique d'où procédait M. Péreire, l'occupa
d'abord et le passionna vivement; mais l'affaire n'ayant pas
obtenu les facilités dont elle aurait eu besoin pour se développer, il s'en désintéressa peu à peu, tout en lui laissant son
nom, et parut vouloir attendre, pour s'en occuper de nouveau,
que l'institution fût mise en état de répondre d'une manière
efficace aux nécessités économiques qui réclament son intervention.

Quant au Crédit Mobilier, ce fut la grande idée de la seconde
période de son existence financière. Centraliser, sous une
même direction, les capitaux épars entre des maisons rivales,
et les faire servir à la commandite des plus grandes entreprises; grouper, par un vaste et ingénieux système de fusion,
des industries similaires, jusque-là éparpillées et hostiles les
unes aux autres; créer à leurs titres un marché permanent
et leur trouver une clientèle, et, en échange de tant de pré-
cieuses facilités, réduire l'intérêt qu'on était dans l'habitude,
en raison de leur nature aléatoire, de demander aux entreprises industrielles,—tel est, en substance, le résumé des services que le Crédit Mobilier a déjà rendus et qu'il est appelé
à rendre de plus en plus aux affaires. Non content d'offrir aux
grandes compagnies de chemins de fer des facilités pour la
réalisation de leur capital; de concourir, pour une part considérable, à la souscription des emprunts de l'Etat; de servir de
pivot à la fusion de grands intérêts homogènes, comme les
omnibus et les usines à gaz, le Crédit Mobilier, en achetant 300
millions au Gouvernement Autrichien ses chemins de Bohême

et de Hongrie, a donné, le premier, l'exemple de ces vastes opérations financières internationales, qui sont évidemment dans le courant du siècle, et qui sont appelées à mêler et à associer de plus en plus, sur certains points privilégiés, les capitaux et les intérêts de toutes les nations. Du reste, ce qui indique, mieux que tous les raisonnements, combien était féconde l'idée qui avait présidé à la fondation du Crédit Mobilier, c'est que cette idée semble, après avoir pris naissance en France, destinée à faire le tour de l'Europe. Déjà un Crédit Mobilier a été fondé en Autriche, un autre en Espagne, d'autres à Leipsig, à Darmstadt, à Turin, à Genève ; il semble désormais que, chez toutes les nations où un grand effort industriel doit être tenté, la fondation d'un Crédit Mobilier, c'est-à-dire d'un puissant instrument de crédit, soit le préliminaire obligé de la régénération industrielle.

XII

L'idée-mère du Crédit Mobilier, conçue d'assez longue date par MM. Emile et Isaac Péreire, a été particulièrement suivie et développée, dans l'application, par M. Isaac Péreire, que des idées communes, des études analogues et des facultés éminentes, quoique diverses, et enfin une vive et mutuelle amitié, avaient tellement mêlé, dès l'origine, aux idées et à la carrière d'Emile Péreire, que, dans l'œuvre commune, il est à peu près impossible de déterminer le contingent propre de chacun des deux frères. C'est, du reste, une particularité remarquable de la vie de

M. Emile Péreire, que le rôle que l'amitié et les relations in-
times ont joué dans ses affaires. Depuis 1832 jusqu'à ce jour,
on le retrouve, dans toutes ses entreprises, constamment
entouré d'un groupe d'amis toujours les mêmes, d'hommes
éprouvés qu'il associe à ses travaux et à ses bénéfices. Ce
groupe s'augmente quelquefois par la multiplication des
affaires; mais il est rare qu'il s'éclaircisse, si ce n'est par la
mort; c'est là une circonstance assez rare dans la vie d'un
homme de finance et qui nous a semblé digne d'être notée.

Si l'on voulait rechercher l'idée favorite sur laquelle M. Péreire a paru s'orienter de préférence, dans tout le cours de
sa carrière, on reconnaîtrait facilement, nous le pensons, que
la baisse de l'intérêt dans les affaires industrielles et la mo-
bilité des titres ont été ses préoccupations dominantes. Dans
ses rapports avec les salariés, nous retrouvons, chez le capi-
taliste de 1856, les principes professés dans le *National* par
le publiciste de 1833. Il a toujours voulu que le salarié parti-
cipât, au moins indirectement, aux bénéfices des affaires. Il
est vrai qu'il n'a jamais admis, comme il est arrivé dans cer-
taines compagnies, que cette participation dût être fixée d'a-
vance par des prescriptions statutaires ; il a toujours trouvé
de grands inconvénients à conférer à des employés, par une
participation déterminée, un droit de critique dispropor-
tionné; la plupart du temps, avec la portée de leurs lumières.
Mais sa sollicitude s'est traduite par d'autres moyens. Ainsi
une augmentation directe des salaires, de larges gratifica-
tions, l'installation, dans les ateliers, de comptoirs débitant
des denrées au prix coûtant, enfin des répartitions d'actions

au pair, parmi ses employés les plus méritants, tels ont été
constamment les moyens d'encouragement employés par lui
de préférence.

XIII

Lorsqu'on songe également au caractère qu'a pris en France
la société anonyme, lorsqu'on réfléchit que cette forme de
société, si impersonnelle de sa nature, est arrivée, dans la
grande industrie des chemins de fer en particulier, à se per-
sonnifier partout dans une ou plusieurs individualités hors
ligne, il est impossible de faire abstraction du rôle rempli à cet
égard par M. Péreire. Concessionnaire et directeur, en 1835,
du chemin de Saint-Germain, président du conseil d'administration du chemin de fer du Midi et du canal latéral à la
Garonne, — administrateur des chemins du Nord, de l'Ouest,
de l'Est, de Saint-Rambert, des chemins autrichiens, de
l'Ouest suisse, du Central suisse, de la Compagnie de canali-
sation de l'Ebre (Espagne), du Crédit foncier, du Crédit mobilier, de la Compagnie générale maritime, du Crédit mobilier Espagnol, et président du conseil de la Société des im-
meubles de la rue de Rivoli, les lignes de voies ferrées ou
fluviatiles, à l'administration desquelles il prend part, repré-
sentent, tant en France qu'en Autriche, en Suisse et en
Espagne, plus de 10,000 kilomètres de parcours, et jamais, on
peut le dire à sa louange, son zèle, ses lumières, sa sollicitude
n'ont fait défaut à aucun des innombrables intérêts qui se
sont abrités sous son patronage.

Possesseur d'une immense fortune, placé au premier rang des notabilités financières de l'Europe, **M.** Péreire a conservé une grande simplicité de mœurs et d'habitudes, et l'assiduité au travail d'un homme qui aurait sa fortune à faire. Il a le goût et la passion des affaires, c'est un artiste, et, s'il est permis de s'exprimer ainsi, un virtuose en affaires. Il y porte un élan, une hardiesse de conception et, à la fois, une sûreté de coup d'œil et un discernement pratique dont la réunion peut seule expliquer cette continuité ininterrompue de succès qui ont fait sa réputation et sa fortune. Sa vie, remplie par le travail, embellie par les recherches d'un luxe intelligent, s'écoule presque tout entière au sein de sa famille et d'un petit groupe d'amis dont la fortune a été plus ou moins associée à la sienne. C'est, à tout prendre, une des carrières les plus complètes, les plus remarquables, et, si l'on peut s'exprimer ainsi, les mieux réussies de l'époque où nous vivons. Il est du petit nombre des hommes qui, après avoir pensé en grand, ont pu, de leur vivant, réaliser, dans leur âge mûr, la plupart des conceptions de leur jeunesse.

NOTE *A*.

PROJET DE BANQUE

Présenté, le 4 septembre 1830, par MM. Émile et Isaac Péreire.

1° Le gouvernement souscrirait une garantie de 50 millions de francs ;

2° Les banquiers et commerçants stipuleraient librement l'importance de leur garantie et de leur coopération.

Il serait émis, au nom et sous la responsabilité de l'association, des *bons au porteur* produisant intérêt à raison de 1 centime par jour pour 100 francs, ou 3 fr. 65 c. p. 0/0 l'an, payables tous les six mois, 1er avril et 1er octobre. L'intérêt s'ajouterait chaque jour à la somme principale de chaque bon. L'escompte des effets à deux signatures, des effets à toutes échéances, les prêts sur dépôt, etc., seraient l'objet de l'association.

Un conseil, composé de banquiers, de négociants, de manufacturiers notables dans chaque branche d'industrie et de personnes nommées par le gouvernement, jugerait de la solvabilité des emprunteurs et déterminerait la nature des gages qui seraient exigés, le terme du remboursement, etc.

L'avance se ferait en bons de l'association.

Les bons retournent naturellement dans la caisse de l'association, en acquit des engagements escomptés, et, indépendamment de ce mode d'amortissement, la compagnie emploie tous les fonds qui lui rentrent par le recouvrement des effets, à racheter ses bons sur la place, de manière à établir toujours la balance entre son portefeuille et la masse de ses billets.

Chaque emprunteur paierait 3 fr. 65 cent. p. 0/0 d'intérêt jusqu'à l'échéance de chaque prêt, plus 1/2 à 2 p. 0/0 de commission, plus ou moins, selon la durée du prêt et la nature des garanties qu'il offrirait.

Les bénéfices résultant de cette commission seraient réservés jusqu'à la fin des opérations de l'association, qui serait formée pour un an, sauf à être renouvelée, s'il y avait lieu.

Les frais d'administration et les pertes, s'il y en avait, seraient prélevés sur les bénéfices ; l'excédant serait réparti entre le gouvernement et les autres souscripteurs, en proportion de chaque souscription.

NOTE *B*.

PROJET DE LOI SUR L'ALGÉRIE

(Extrait du *National* du 25 août 1833.)

« ARTICLE PREMIER. — Le territoire de l'ancienne régence d'Alger est incorporé au royaume français.

« ART. 2. — Ce territoire sera divisé en trois départements :

« 1° Le département de la Métidja, dont le chef-lieu sera établi à Alger.

« 2° Le département de l'Atlas occidental, dont le chef-lieu sera établi à Oran ;

« 3° Le département de l'Atlas oriental, dont le chef-lieu sera établi à Constantine.

« Ils seront désignés sous le nom de départements d'Afrique.

« ART. 3. — Ces trois départements formeront ensemble une 21ᵉ division militaire dont le siége sera à Alger.

« ART. 4. — Ils seront transitoirement, et jusqu'à ce qu'il en ait été autrement prescrit par une loi, administrés par un seul préfet qui siégera dans le chef-lieu de préfecture d'Alger.

« ART. 5. — Les lois françaises seront en vigueur dans les trois nouveaux départements, sauf toutefois les modifications transitoires qui pourront y être faites par des lois spéciales.

« ART. 6. — Le préfet d'Alger, en conseil de préfecture, jugera, en dernier ressort, les affaires qui, sur le continent d'Europe, ressortissent du ministre de l'intérieur. Un conseil formé, par moitié, de fonctionnaires publics au choix du ministre de l'intérieur, et de membres du conseil général électif d'Afrique, remplira les attributions dévolues au conseil d'État.

« ART. 7. — Les tarifs de douanes, tant à l'importation qu'à l'exportation des marchandises, en vigueur en France, seront appliqués aux importations et exportations effectuées dans les départements d'Afrique.

« ART. 8. — Seront néanmoins et jusqu'au 31 décembre 1835, exempts de tous droits d'entrée dans les derniers ports de ces trois départements :

« 1° Les fers, les fontes, les aciers et les charbons de terre ;

« 2° Tous les instruments d'agriculture et d'industrie ;

« 3º Toutes les machines à vapeur ou autres, les mécaniques et les
métiers. Lorsque ces produits seront expédiés des ports français d'A-
frique dans les ports français d'Europe, ils seront pareillement, jusqu'au 31 décembre 1835, assujettis aux mêmes droits que s'ils étaient
importés directement de l'étranger.

« Sauf cette exception, les communications entre les ports français
d'Europe et d'Afrique seront entièrement libres.

« Art. 9. — Les droits de tonnage seront abolis dans les ports des
trois départements d'Afrique pour tous les navires français. Les navires étrangers paieront 50 pour 100 des droits de tonnage perçus dans
les autres ports français.

« Art. 10. — Les navires ou bateaux à vapeur, qui établiront un
service régulier de transports entre les ports français de la Méditerranée ou de l'Océan et les ports des trois départements d'Afrique,
seront également exemptés, en France, de tous droits de tonnage.

Art. 11. — Les règlements relatifs aux quarantaines ne seront pas
applicables aux bâtiments du commerce ou de l'Etat arrivant des départements d'Afrique.

« Indépendamment de cette déclaration catégorique, si le gouvernement mettait provisoirement en vigueur par la même ordonnance
les cinq derniers articles de ce projet de loi, s'il doublait l'armée d'occupation et l'employait, moyennant une paye extraordinaire : 1º à as-
sainir la plaine de la Métidja, en creusant des canaux d'irrigation pour
faciliter l'écoulement des eaux; 2º à confectionner des routes nivelées
de 20 mètres de largeur, afin de pouvoir établir un chemin de fer sur
la moitié de cette superficie, et de consacrer l'autre moitié aux communications ordinaires;

« Si, en outre, et en attendant qu'un service régulier de communications fût établi entre Marseille et Alger, le gouvernement affectait quatre de ses bâtiments à vapeur à des transports dont le prix serait mo-
déré; si, en même temps, dix corvettes ou bricks effectuaient le transport gratuit des individus qui s'engageraient à excercer, pendant un
an au moins, sur le territoire de la régence, l'une des professions de
maçon, de charpentier, de menuisier, de serrurier, de forgeron, de
charron, d'agriculteur, de terrassier, alors les capitaux afflueraient, etc.

« ..... Pour réunir, par un chemin de fer établi provisoirement à
une seule voie, Bone et Constantine à Alger, Alger à Oran, les nivelle-
ments étant effectués par les troupes, l'expropriation étant gratuite,
et les fers étant obtenus à moitié prix en Angleterre, il suffirait, pour

cette ligne de 150 lieues, d'une dépense totale de 20 à 25 millions. Cette avance une fois faite par l'Etat (et il ne faut pas perdre de vue que les frais annuels d'une occupation stérile, comme elle l'est aujourd'hui, s'élèvent à plus de 19 millions) permettrait d'organiser un système de défense économique et qui mettrait toute la côte à l'abri des incursions des Bédouins.

« ..... Puis, quand les hommes industrieux de tous les pays pourront trouver à bas prix un sol fertile, situé à trois jours de voyage des côtes de France, d'Italie, d'Espagne et de l'archipel grec; lorsqu'ils pourront échanger leurs produits avec la plus grande économie et la plus grande célérité, nul doute qu'ils n'accourent à l'appel de la France. »

L'auteur ajoutait en note les réflexions suivantes que nous croyons devoir reproduire, tant elles nous paraissent encore applicables non seulement à l'Algérie, mais encore aux grands terrassements projetés en Egypte pour le canal de Suez et à tous les travaux à exécuter dans des conditions analogues :

« On pourra trouver étrange que nous proposions d'établir à Alger un chemin de fer de 150 lieues, tandis qu'en France ces nouvelles voies de communication existent à peine. Nous ferons remarquer à cet égard que, indépendamment de ce qu'elles se rattacheraient à un grand système de défense, ces routes en fer auraient, en outre, l'avantage de faciliter l'exécution des routes ordinaires, et permettraient d'employer sur une grande échelle les troupes à ces travaux. Dans un pays où les villages sont à de grandes distances, on ne peut facilement rassembler un grand nombre d'hommes sur un point donné, sans improviser spécialement pour eux des logements et des magasins d'approvisionnements; tandis qu'en établissant des rainures en fer, on éviterait cette dépense; au fur et à mesure qu'une partie de la route serait terminée, on pourrait non-seulement effectuer le transport des matériaux pour la continuer, mais encore transporter chaque jour les travailleurs avec leurs instruments et leurs vivres. Du reste, il faut songer qu'à Alger tout est à créer, routes, canaux, matériel de transport; si l'on veut faire quelque chose, il faut choisir de prime-abord le système le plus perfectionné.

www.ingramcontent.com/pod-product-compliance
Lightning Source LLC
Chambersburg PA
CBHW061722060726
47597CB00006B/2521